MARTHA GALLARDO ESPINDOLA

Voces del Alma

Primix Publishing
11620 Wilshire Blvd
Suite 900, West Wilshire Center, Los Angeles, CA, 90025
www.primixpublishing.com
Phone: 1-800-538-5788

Publicado por Primix Publishing: 03/04/2024

ISBN: 979-8-89194-089-5(sc)
ISBN: 979-8-89194-091-8(hc)
ISBN: 979-8-89194-090-1(e)

Library of Congress Control Number: 2024901303

Ciertas imágenes de archivo © iStock.

PRIMIX
PUBLISHING
THE WRITE CHOICE

ÍNDICE

INTRODUCCION

Es una compilación de 99 poemas que se empezaron a escribir en el año 1982, siendo el primero: "A MI TIO JUAN", poema filosofico que manifiesta un estado de conciencia hacia la búsqueda de la felicidad. El libro se adentra entre poemas de amor y desamor idilico, construidos en la imaginación, bajo el poderoso influjo de su misma energia y encaminados a sublimar la relación de los opuestos más alla de lo fisico.

El libro continúa su expansión en poemas que denotan la busqueda del ser, encontrarse a sí mismo en un universo infinito en posibilidades, buscando como meta final un estado de Armonia perfecta que nos conduzca; con el paso del tiempo, a establecer relaciones basadas en la confianza, en el respeto mutuo, y por ende, en paz duradera.

Prestémonos pues al silencio para que podámos sentir "VOCES DEL ALMA".

A MI TÍO JUAN

Tío Juan, tu que ya eres un anciano,
y te encuentras en el ocaso de tu vida,

¿podrás decirme algún día
cuál es el secreto de la felicidad,
cómo debo actuar,
qué camino debo andar?

¿Debo tocar las espinas al igual que los rosales?
¿Debo prodigar una caricia? ¿No debo hacer males?

Por favor, tío Juan,
contesta a mis preguntas,
mira que hoy, más que nunca,
quiero saber la verdad.

(Tío Juan contestando)

Está bien, mas te aconsejo que guardes silencio
y escuches con atención lo que te dice este viejo.

Desde que naces traes contigo a la felicidad.

¡No es cierto, yo sufro!

Es cierto, a veces sufres.

Mas no todo en la vida
siempre será gozar,
porque el sufrimiento
es parte de la felicidad.

Es injusto, ¡soy una niña!
¿Por qué debo sufrir?

Porque la vida lo dice así.

Toma en cuenta siempre esto:
si un camino se te pierde
otro vas a encontrar
para llegar a la felicidad.
¿Y ahora? ¿Qué otra cosa
se te ocurre preguntar?

Nada, tío Juan,
eso era todo lo que de tus labios
yo quería escuchar.

LA ROSA Y EL RÍO

A la orilla de un río estaba una rosa marchita.
La pobrecita tenía mucha sed.

Ella te pedía agua, ¡tantita para beber!
Y tú largo corrías, sin atrás los ojos volver.

Un día te despertaste, a la rosa quisiste ver.
Buscaste por todas partes sin poder comprender.

¿Dónde estará la rosa que quería agua para beber?

Largo corriste intentando a la rosa socorrer.
pero nunca la encontraste, ¡había muerto ya, de sed!

SI JUSTO ES POR AMAR

Si por haberte conocido
un precio debo pagar,
pagaré el precio pedido,
si justo es por amar.

Entre tantos amores.
amores que nunca he tenido,
he probado sinsabores
que sin pedirlos a mí han venido.

Gracias no doy al cielo
por un corazón herido,
sí por haberte conocido.

Y es que en verdad un amor
es una pena del cielo
que le trae gran desconsuelo
a este pobre corazón.

¿Por qué si por mirar tus ojos
y acariciar tu pelo
un precio debo pagar?

Debo decir que jamás
olvidarte yo podré,
porque un beso de tu boca
a hurtadillas robaré.

Y si por tal acción
un precio debo pagar,
pagaré el precio pedido.

No me pidas que te olvide
porque hacerlo no podré.
Y si el cielo me lo pide,
tampoco lo aceptaré.

Porque quiero que tú sepas
que desde que te vi te amé,
bien puedo pagar el precio
si justo es por amar.

ROSA Y MARÍA

Después de años de no verse, Rosa y María se encontraron.
No pudieron ser felices, pues el peso de sus recuerdos
sus corazones marcaron.

Su madre no fue feliz y su padre fue irresponsable.
Rosa y María más sufrieron que el resto de sus hermanos.

Aún recuerdo lo que dijo Rosa aquella tarde en el árbol.
No sé qué fue lo que hicimos que a las dos nos ataron.

Lloviendo estaba con rayos y truenos, ¡estábamos tan asustadas!
Y así, corriendo el tiempo, las horas lentas pasaban.

Empapadas por la lluvia, de frío, nuestras piernas temblaban.
Por suerte para nosotras, el tío Juan cerca pasaba.

¡Válgame Dios, criaturas! ¿Qué hacen ahí amarradas?
A duras penas dijimos lo que sentíamos que nos pasaba,
pues las quijadas de frío nos titiritaban.

Tío Juan era bueno. Nos desató y llevando adentro
nos cubrió con las frazadas.

¡Qué recuerdos tan ingratos! ¡Qué niñez tan desolada!
Rosa hace años que murió.
¿Y de María? De María no se sabe nada.

EL HECHIZO

Presa de tu amor me encuentro,
vida de mi corazón.
Revivir momentos quiero
con infinita ilusión.

Y aunque aquel fue tiempo corto,
grande fue nuestra pasión,
que entre esto y entre aquello
sin querer un mes pasó.

Mas no pienses, no, que muero en verte,
porque si tanto quererte
a la muerte me conduce.

Romperé ese vil hechizo
de tus miradas de fuego,
devolviendo el bebedizo
que ayer tus labios me dieron.

BÉSAME

¡Bésame! Un solo beso de ti pide mi boca,
que sedienta de amor clama al verte.

Bésame con fuego, con pasión arrebatada,
con amor tan dulce y tierno,
con sed desenfrenada.

¡Róbame! Róbame el beso que en silencio
yo te pido,
como ladrón que furtivo
roba el beso de su amada.

Y, después de que me beses, después de mi sed saciada,
te diré, antes de que te alejes:
«Amor mío, estoy de ti enamorada».

A QUIÉN QUERER

He estado haciendo versos
hasta de sueño caer,
tan solo he estado pensando
a quién he de querer.

Si Carlos es mi vida,
Juan es mi padecer,
y Andrés me atosiga
con su infame proceder.

Juan es quien más virtudes
a mi ver debe tener,
aunque me disgusta tanto
que sea quien más lejos esté.

ME DOY POR CRUCIFICADA

Voy a desnudarme el corazón
y decirte que te amo.
Te amo como nunca soñé amar,
como nunca soñé enamorarme.

Y aunque tengo miedo de sentirlo,
no me equivoco al decirlo,
mi corazón has ganado.

Róbame con tus besos,
acaríciame en tu mirada.
No me importa qué tan lejos
pueda estar la madrugada.

Si tú me besas, qué delicia.
Si me mata tu mirada,
¡mátame!, que si de amor muero
me doy por crucificada.

VERSOS

Tú, el autor de mi diario,
de mis poemas de hoy,
el que me roba las noches.
el que me da inspiración.

Robarte un beso quisiera,
pero hacerlo no podré,
aunque sí podré decirte
que desde que te vi te amé.

Quisiera por un momento
dejar de pensar en ti,
quisiera pero no puedo,
te llevo dentro de mí.

He acariciado tu pelo,
he acariciado tu piel,
me has hecho sentir mil cosas
y no te quiero perder.

UN POEMA DE AMOR

Si yo pudiera escribir un poema de amor,
te regalaría en sus versos
lo mejor del corazón.

Una sonrisa encantada, envuelta en una mirada,
perfumada por la flor.

El más sutil de mis suspiros
y el más tierno de mis besos,
sin tocarlos la pasión.

Si yo pudiera escribir tantas cosas olvidadas
que se han quedado en el ayer...

Cuántos abrazos perdidos, serenatas trasnochadas,
¡cuántos adioses sin volver!

Cuántas palabras a medias
que se han quebrado al hablar.

Y yo aquí esperando por darte,
por darte de mí lo mejor,
esperando regalarte este poema de amor.

VOY SIN FE

Caminaba por la calle, no llevaba un rumbo fijo,
solo miraba y miraba
la gente pasaba, y yo ¡como si nada!

Pensaba en tantas cosas que pasaban:
delincuencia, alcohol, drogas.
En fin, ¡tantas cosas que se ven!

Pero ¿y yo? ¿Qué papel juego en la vida?
Entonces me pregunté: «¿Quién soy?
¿De dónde vengo? ¿Hacia dónde voy?».

«La respuesta es Dios», alguien me contestó.
«¿Dios?». «Sí, Dios». Mas caminando yo continué.

De pronto, sentada sobre la acera, a una pequeñita miré.
Me sonrió tristemente, bajando la mirada hacia un papel que en
sus manos apretaba.

«¿Qué te pasa? —le pregunté—, te veo preocupada».
«No me gusta lo que escribí y estoy muy desconsolada, pues no
entiendo a la gente y al mundo,
no, ¡yo no entiendo nada!».

Guerras, epidemias, hambres, aquí, allá y más allá.
¿Qué me dices de Vietnam, la India y Pakistán?

¡Pobres niños! Sin fe y sin esperanza en el mañana,
condenados a vivir en un abismo
más oscuro que el abismo de la nada.

Medité lo antes leído y continué por mi camino.
¡Oh, Dios, necesito creer en ti, necesito tener fe, fe en ti!
¡Ayúdame! Porque yo sola, yo sola, no puedo.

De pronto oí una voz que de los cielos bajaba.
Ya lo sé, la vida es subir y bajar colinas,
caminar por el desierto, entre piedras y entre espinas.

Es ver hacia el infinito sin mirar ninguna estrella.
Es perder una batalla, ¡pero no es perder la guerra!

ENCRUCIJADA

Mi vida es una encrucijada
¡qué vida tan desgraciada!
Vivir entre dos no es negocio,
pues no hay tiempo para el ocio.

Tú ocupas en mi vida
un lugar muy especial,
pero mi corazón es el santuario
de un ser muy celestial.

Tú eres mi presente,
el presente que elegí,
y mi corazón es el templo
donde él quiso vivir.

Y yo lo anidé contenta
y llena de felicidad.
sin pensar que tantos celos
en ti yo iba a despertar.

AMAR Y QUERER

Dicen que amar y querer son dos cosas diferentes,
que el querer es superficial
y el amor es más profundo
cuando en verdad se siente.

Y es que yo diera todo por estar un día tú y yo solos
teniendo por techo el cielo, la luna y las estrellas.

Y amar, amar cuan profundo es el mar,
mirando a lo lejos las aves volar
y en un suave abrazo dos almas juntar.

Que pasen las horas, que llegue la noche
y nos bañe su luz celestial.
Nosotros ausentes del mundo y sus cosas,
vagar por caminos cubiertos de rosas.

Y vagar y vagar,
repitiendo la frase que dijo el poeta:
¡vivir es amar!

QUÉ ES EL AMOR

El amor es un sentimiento que va,
es un sentimiento que viene,
y jugando con los corazones se entretiene.

Es reírse con el viento y acariciar tu mirada.
Es soñar, soñar despierta,
soñar que se está enamorada.

Es perdonar la distancia, aquella que nos separa.
Es sentir de ti un tierno beso
y devolvértelo en la cara.

Es sentir que de alegría, inflamado el corazón,
se perdona la osadía de entregarse por amor.

POR UNA MIRADA TUYA

En tus ojos he visto
dos pedazos de cielo,
y en tu forma de hablar
solo a un ángel yo veo.

Por una mirada tuya
yo diera, ¡no sé!, no tengo nada,
tal vez un verso y una flor.

Porque tus miradas me matan,
me hacen cosquillas por doquier,
me arrancan suspiros del alma,
y aunque me maten las quiero ver.

Y aunque verte no he podido,
solo Dios sabe por qué
con el corazón te lo digo:
yo nunca te olvidaré.

LA SONRISA

Ante todo sonríe,
aprende a conocer
el valor de una sonrisa.

Ella te cura de la tristeza
y te alegra el corazón,
te cura de enfermedades
y te devuelve al amor.

Ella es la gran amiga
en buena o mala ocasión.
y si amigos necesitas,
ella es la solución.

Ella, que ni se compra ni se vende,
al menudeo o al por mayor,
¡ámala, viejo amigo!
¡Ámala, por favor!

Ella es la llave que te abre
las puertas del corazón,
el agua con que tú sacias
la sed de tu sinsabor.

Ella, tú más vieja amiga,
compañera en eternidad.
Ella, quien ilumina tus días,
es quien atrae a ti la felicidad.

MI AMOR EN TU AMOR
SE CONFORMA

Que no diera por verte otra vez,
por tenerte aquí, cerca, a mi lado,

por rozar otra vez tu mejilla
con mis labios sedientos de amor,

por mirarme en el mar de tus ojos
y robarme tu aliento, y tocar

y tocar las estrellas del cielo
al fundirme en tu cuerpo, y soñar,

con ventanas y enredaderas,
con noches de luna llena,
dragones azules, y pensar

que mi amor en tu amor se conforma
al desear nuestros labios juntar.

QUISIERA VERTE

Aquí junto a mi almohada está tu recuerdo,
¡el más triste y más tierno!

No he podido olvidarte.
Sigues viviendo en mi corazón.
¿Qué voy a hacer con este amor?

Eres mi tristeza, tú que fuiste mi alegría.
Si yo pudiera en tu alma viviría.

Mi pensamiento vuela hacia ti,
un corazón enamorado sentí.

Pero sufro al tenerte tan distante,
¡qué no diera por abrazarte!

Tu voz es música en mis oídos.
¿Quién ha dejado un corazón partido?

Déjame mirarte, contemplarte una vez más
para no olvidarte, no olvidarte jamás.

JINETES DEL ALBA

Aunque anduviera descalzo
y las espinas pisara, aunque de tanto dolor
el alma me traspasara,

volvería otra vez al mundo
con mi misión tan sagrada
de enseñar amor profundo
como de madre abnegada;

a decir que somos ¡uno!,
aunque en miles dispersados;
a enseñar a tender la mano
a aquel más necesitado;

a caminar por la senda
de la fe y de la esperanza;
a aprender a ser valientes;
a aprender con la templanza;

a aprender a morir y a nacer;
a ser jinetes del alba.

HACIA LA ISLA DE LA LUZ

Déjate arrastrar por el espiral eterno,
no tengas miedo al cruzar ese túnel tan negro,
que al salir tu cuerpo solo paz encontrará,
flotando entre la luz de una brillantez intensa.

Paz y felicidad sentirá entonces tu alma.
Mirarás sin ver nada,
solo habrá luz como alimento.

Sentirás la libertad reclamando en todo tu cuerpo.

Habrá un dueño en tu pensar
y sentirás que un día te unirás con el eterno.

CONSEJOS
(DE UNA MADRE
A SU HIJO)

Hijo mío, perdona si en tu niñez
pude haberte maltratado,
!era tan joven, ya ves!
Pude haberme equivocado.

No hay escuelas donde aprender
cómo ser buena madre.
La vida es la que te enseña,
aunque a veces es muy tarde.

Por eso hoy quiero decirte
a través de estas palabras
que perdones a tu madre,
una madre equivocada.

Ya no le guardes rencor,
que le lastimas el alma,
que la matas de dolor
y le quitas la calma.

Ella te amó, aunque no supo
que también necesitaba amor
amor, como tú querias
que ella te regalara.

¡Perdónala, por favor!
Hazle un regalo del alma.
Ven y trata con amor
a esta madre equivocada.

DICEN

Dicen que la vida camina
siempre hacia adelante,
que no hay revolución sin evolución,
que tu alma está perdida si no hay amor.

Dicen que caminar sin fe
es como estar muerto en vida.

Dame un poco de tu corazón,
que yo pueda sentir
que estoy siempre enamorada.

Con un poco de tu corazón.
yo conquistaría el mundo
para ser solo tu esclava.

Dame un poco de tu comprensión
para aprender a amar,
tender mejor la mano.

Dicen que no hay hombre perfecto
y no hay hombre equivocado,
que no hay mentiras ni hay verdades,

que todo es cuestión de edades.

CONJUGACIONES

Y aquí estoy otra vez
escribiendo entre líneas mil congojas.

Esperando que el presente sea pasado
y el pasado, entre más antepasado, más congruente.

Deseando que el futuro
no sea tan malo
como el presente, antepresente y el pasado.

EN ORACIÓN

Si pudiéramos comprender,
¡cuánto dolor se evitaría!
Para saber comprender
necesitamos paciencia y sabiduría,

elevar nuestra oración
para pedir que un día
recibamos la bendición
de que sea nuestra guía.

Rogando que nuestro templo
se abra de par en par
y todos juntos vivamos
como una gran hermandad.

ACÉRCATE A MI LADO

Acércate
a mi lado caminando despacio,
deja que yo contemple tu cuerpo al caminar.

Deja que te acaricien mis manos tan sedientas
y un guiño en tus ojos dame el placer de ver.

Te quiero, porque hiciste revivir las emociones
que muy dentro de mi ser dormían ya.

Te quiero porque duermes a mi lado cada noche.
Te quiero porque sueñas que te quiero tener.

Te quiero como quiere el pastor a su rebaño,
la abeja a su colmena, y el campesino
a su maizal.

EL ESPEJO

Buscando la felicidad me encontré con un espejo.
¿A dónde vas pobre, alma? ¿Por qué no miras mi reflejo?

¿Qué ganaría con mirarlo si yo busco otro sendero,
el camino que me lleve a la felicidad que espero?

Te cansarás de caminar y te faltará el aliento.
Te cansarás y llorarás, ¡solo mira mi reflejo!

¿Por qué tanta insistencia, viejo amigo del recuerdo,
si solo me veré a mí misma y a ese tono azul del cielo?

Encontrarás que el camino que buscas es
más corto y más sincero.

La felicidad que tanto esperas
está dentro de ti, no está afuera.

LA ESPERA

¿Cuándo llegará el día,
ese día tan anhelado
de no ver en los ojos
de tantos rostros humanos
el resentimiento, la angustia
y la envidia disfrazados?

¿Cuándo el odio en amor
por el Padre serán transformados?

¿Cuándo aprenderán los mortales
a sacar el mayor provecho
de experiencias terrenales?

¿Cuándo el vasto imperio
de la injusticia será truncado
y el poder de la mentira
por la verdad será conquistado?

¿Cuándo la sabiduría
regirá en la mente de los humanos?

¿Quién podrá en un lejano día
ayudarnos a ser hermanos?

UN ESCLAVO MÁS

Ayer me encontré con don Jesús cayéndose de embriagado.
¡Cuánta lástima sentí al mirarlo tan borracho!
¿Puedo hablar con usted?, preguntó como apenado.
Quiero pedirle perdón si en algún momento
pude haberla molestado.

No se preocupe, don Chuy, ya son cosas del pasado
y cualquier mala intención le aseguro ya he olvidado.

Muchas noches no he dormido
y algunas hasta he llorado,
pensando que en mi embriaguez
al respeto le he faltado.

Le aseguro que mi vida su camino ha continuado
y cualquier ofensa habida en su tiempo he perdonado.

Pues bien haya la ocasión de habérmela encontrado,
pues esta pobre alma de tristeza había llorado.

Dígame una cosa, don Chuy: ¿por qué caer se ha dejado?
¿Por qué en los brazos del vicio usted se ha cobijado?

No tengo una razón de vivir.
A quien mi amor le he entregado
está tan lejos de mí,
no está más a mi lado.

Levántese y verá cómo el sol de nuevo brilla.
Su nueva vida será llena y plena de alegría.

Ámese primero usted para poder ser amado.
Libérese de ese vicio y después vuele,
vuele en un ser transformado.

EL MEJOR REGALO

El reloj marcaba las 9:00 p.m.
Leyendo un libro me encontraba.
Tres toques en la puerta
mi atención desconcentraban.

¡Adelante! La puerta no está cerrada,
dije marcando la página que leyendo me encontraba.

Entró y acercándose a mi cama
dos chocolates y una tarjeta me dio
con sus manitas sudadas.

Además de una sonrisa, traviesa e interesada.
Es un ángel y un diablillo, ¡es belleza disfrazada!

Happy valantine's day!, dijo, con su traviesa mirada,
y se quedó esperando a ver qué le contestaba.

Él no sabe que quisiera abrazarlo en mi mirada
y jugar juegos de niños, juegos que roban el alma.

LA OLA

Alguien me pregunta: ¿cuál tiempo es mejor,
si aquel que fue pasado o el tiempo de hoy?

Yo solo les contesto, entrando en confusión,
hacerme esa pregunta queda en interrogación.

Yo solo sé que una ola viene atacando,
atacando a la sexualidad.

Esa ola está perjudicando
al cien por ciento de la sociedad.

No me digan que yo voy errando
el camino que hago al andar.

Soy muy joven para dejar huella,
pero quiero decir al hablar
mi conciencia, ¡ay mi conciencia!
Mi conciencia quiero despertar.

LA MISION

Hoy vengo ante ti con una misión,
la de recordarte lo que hace mucho tiempo
Jesús ha grabado en tú corazón.

«Vivid como hermanos y daos amor».
A eso él vino y por eso el murió.

¿Tan grande es tu olvido que se te olvidó
todo el sufrimiento que el Cristo pasó?

Me duele en el alma tan solo pensar
los malos momentos que él pudo pasar.

«Vivid como hermanos y daos amor».
A eso él vino y por eso el murió.

¿Acaso piensas que no fue dolor
vestirse de sangre mostrando su amor?

¿Y tú, necio, sigues los pasos del mal?
¿Y que has conseguido? ¡Dime la verdad!

Aún no has aprendido siquiera a caminar,
por eso tus tropiezos cada día serán más.

«Vivid como hermanos y daos amor».
A eso él vino y por eso el murió.

¡Mírate, hombre! Mira a tu alrededor,
dime si lo que ves refleja mucho amor.

¿Acaso tú no sabes por qué el Cristo murió?
¿Cuál fue su sacrificio? ¿Por qué por ti Él se dio?

«Vivid como hermanos y daos amor».
A eso él vino y por eso el murió.

Cuando él vio en el planeta
a Lucifer de emperador
y a Satanás de comandante creando confusión,
él apelo a su padre, pidiendo autorización,
ofreciéndose en sacrificio
para enseñarle al hombre
que todos somos hermanos
y que venimos de un mismo Dios.

¿Y qué fue lo que pasó?
Fuimos ciegos, fuimos sordos,
fuimos mudos, ¡sí, Señor!

Fuimos cobardes para aceptar
esas verdades que él regalaba,
esa luz con la que él nos guiaba al camino de la felicidad.

«Vivid como hermanos y daos amor».
A eso él vino y por eso él murió.

EL SEÑOR DE LOS AÑOS

El señor de los años
no tiene tiempo ni tiene edad
porque vive en la eternidad.

No tiene piernas pero se mueve
y puede estar en cualquier lugar.

Para él no existe ni existirán
las mil fronteras
en que se divide la humanidad.

Su piel es tuya y es mía también,
basta mirarnos para saber
en los millones en que divide
el vasto imperio de su entender.

Ese señor de los años,
ese que vive en la eternidad.
sueña mil sueños
y se entretiene creando mundos
¿cómo la vez?

¿Será que sueña como un humano
y entre sus sueños jugando está?
¿Será que siente, será que piensa o que respira
y al exhalar le da alegría a mi despertar?

Él se ha posado aquí, en mi memoria,
y ha disipado así mi ansiedad,
ansiedad de pensar dónde
se esconde la eternidad.

Ya he aprendido con mi pensar
que el señor de los años no tiene tiempo
ni tiene edad, porque vive en la eternidad.

EL ÁRBOL

Yo sembré un arbolito en el patio de mi casa,
pero ese árbol se secó
cuando una mano extraña ese arbolito tocó.

¿Qué sería lo que tenía esa mano tan extraña
que a mi arbolito secó de la noche a la mañana?

¿Sería el calor de sus manos
lo que a mi árbol mató?
¿Sería el desamor que en su corazón albergó?

Yo no sé lo que haya sido, pero mi árbol murió,
y todo por esa mano que a mi arbolito tocó.

AL DESPERTAR

Despiértame
con un beso,
quiero sentirte rozar mi piel,
que me seduzcan tus manos,
que se prolongue el amanecer.

Al fin y al cabo ya somos uno,
lo que el destino nos deparó,
una sola alma, un solo cuerpo,
dos corazones que el sol fundió.

Y después de que el tiempo pase
y el sol nos bañe con su calor,
yo te diré cerca al oído:
«Hoy te he entregado todo mi amor».

Todo mi ser ya te pertenece,
nunca te olvides de el día de hoy.
Lo más hermoso es lo que me has dado,
es recibir una bendición.

Y en la noche, cuando oscurezca,
cuando se oculte otra vez el sol,
volveremos de nuevo a amarnos
y a entregarnos el corazón.

POR LA VIDA

¡Detente! No corras tan aprisa,
no juegues con el tiempo.

¡Mírate! Contémplate a ti mismo,
hermosa creación del universo.

¡Escúchame! Eres todo y a la vez nada,
eres solo un pensamiento,
un pensamiento con vida,
un alma con movimiento.

Eres la vida y la muerte,
eres lo blanco y lo negro.
no eres producto de suerte.

Observa, mira a tu alrededor,
dime si en todas las cosas
no miras a tu creador.

Ve sereno por la vida
de la mano del universo.
coge la mano del tiempo
cual muchachito travieso.

Aprende de lo bueno
y de lo malo también,
que aun lo blanco tiene
un lado oscuro que esconder.

Escucha siempre un consejo
de quien te lo quiera dar.
Ten misericordia de tus padres
y también aprende a perdonar.

Pregunta en tu corazón,
pues él es siempre quien manda.
Aprende a sentir amor.
¡Aprende, niño del alma!

DÉJAME QUE TE CUENTE

Déjame que te cuente
que ayer soñé despierta
en robarte el corazón.

Soñaba que tocaba
tus manos suavemente
y que con la mirada
acariciaba tu piel.

Hermosa fantasía,
mi mente dibujaba
pensando que me amabas,
enloquecía de amor.

Deseando regalarte
hasta mi vida entera,
aunque en ella te diera
completo el corazón.

Hoy que mis sueños veo
que no son fantasía,
no cabe la alegría
en mi pobre corazón.

Te quiero más que nunca
y a mi Dios yo le pido
que por siempre bendiga
la dicha del amor.

MIS VIEJOS ZAPATOS

Cómo adoro mis viejos zapatos,
pues se han amoldado muy bien a mis pies.
Así de viejos yo los sigo usando,
no los oculto en ningún rincón.

Me dirán que están desgastados,
que los nuevos se verán mejor.
Yo no pienso en cómo se vean,
solo quiero sentirme muy bien.

Y bien me siento si en ellos camino,
pues se han amoldado muy bien a mis pies.

¿Cuántas millas habrán recorrido?
¿Qué tan cansados se habrán de sentir?
Yo no escucho de ellos quejido,
más no puedo, no puedo pedir.

Yo no quiero, no quiero tirarlos,
aunque muriendo muriendo ya están.
Que me digan qué quieren que haga,
cumpliré su última voluntad.

Quemarlos, me dicen,
y tirar sus cenizas al mar.

MADRE NATURALEZA

Mírate, hombre en el espejo,
de la sabia naturaleza.
Vuelve tu rostro humano
hacia todo lo que te rodea.

Cuida de tu hermano el árbol
y del animal que te alimenta.
Vive en paz con todos ellos
pues hacen tu vida perfecta.

Eres uno con tu madre,
aquella que te alimenta.
Después de leche materna,
tu madre es ella, la naturaleza.

Y todos son tus hermanos,
hermana vaca, hermana cebra,
hermano bosque, hermana selva.

Todos, al igual que tú,
nacen, crecen, se reproducen y mueren;
pero hay también un mandato
que cumplen sin vacilar:

Servir a su hermano el hombre
en su eterno peregrinar,
en su viaje de regreso
a su casa, a su hogar.

¿Y AHORA QUÉ?

¿Y ahora qué, alma mía?
¿Qué seguirá después, después de tanto quebranto,
de tantas lágrimas y dolor,
después que Urantia
se haya limpiado de tanto mal
y que haya dado ese gran salto
hacia su sol?

¿Qué seguirá después?
Me he preguntado
y me pregunto si alguien más
esa pregunta se ha formulado
y ha quedado sin contestar.

Después de tanto quebranto,
¿qué más te falta por aprender?
¿Acaso no has aprendido
y necesitas más para entender?

Tantas lágrimas y dolor,
hermano mío, no te han bastado
para despertar tu conciencia,
para saber que somos uno
los que en millones ahora están.

Y si después de ese gran mañana
ya no brillara de nuevo el sol,
¿cómo darías luz a tu alma?
¿Te volverías de nuevo a Dios?

¿Sucedería ese gran milagro
que tanto espera la humanidad?

¿Te volverías tú más humano
y aprenderías a perdonar?

¿Caminarías tú por la vida
no en son de guerra
sí en son de paz?

¿Comprenderías ya que tu hermano
es todo aquel que te da la mano,
aquel que va caminando
por los caminos que Dios formó?

¿Tendrías valor para enfrentarte
a tus miedos y a la verdad,
a la verdad de saber que en ti,
en ti se esconde la eternidad?

NIÑA MUJER

Hubo una vez un hombre,
un hombre que conocí,
porque Dios me dio la gracia
de en ese tiempo vivir.

Ese hombre tuvo hijos,
mas de ninguno se entendió
excepto por una hija,
en ese tiempo la menor.

Era rubia como el sol
y de tez blanca también.
Dicen las malas lenguas
que de ella quería algún favor.

Se preocupó tanto por ella
y grande era su admiración
que de ese tiempo a la fecha
más mujer él no miró.

El tiempo lento pasaba.
La niña se hacia mujer,
ya no era el sol que alumbraba
ni de tez blanca también.

Ya nadie veía a la niña
con los ojos del ayer.
Ahora está embarazada
y con un hijo que atender.

MOZO

Ayer, cuando yo salía,
no recuerdo a qué lugar,
vi a aquel mozo que un día
me hiciera suspirar.

Qué sería lo que tenía,
me pregunté sin vacilar.
Una pierna rota veía
y dos muletas en que apoyar.

Algún accidente él tuvo,
fue lo que yo pensé,
mas accidente no hubo,
como yo lo imaginé.

Y qué sorpresa la mía
al descubrir la verdad:
la pierna rota que él tenía
fue rota por la maldad.

A una ganga quiso entrar
y este fue el resultado:
pierna rota y algo más,
algo más que no he contado.

Fue su padre el que inició
a su hijo en este mundo
y orgulloso él se sintió,
¡ah, que padre tan profundo!

IGNORANCIA

¡Cuánta ignorancia pesa aún sobre el mundo!

Ignorante el médico
que al coger la mano de la ciencia
se olvida de su lado espiritual,
sin saber que solo juntas
son el mejor remedio
para cualquier enfermedad.

Ignorante el filósofo
que cree haber encontrado
todas las verdades,
sin saber que el universo
es más de lo imaginado.

Ignorante el enamorado
que cree que la felicidad
se la debe dar el ser
que está a su lado.

Ignorante aquel que cree
que el dinero lo compra todo.
sin saber la realidad,
y al final se queda solo.

Ignorantes cuando decimos:
«Creo en Dios, amo a Dios»,
y en más de una ocasión
a nuestros hermanos herimos.

UNA HISTORIA

En estos versos que cuento
te contaré yo una historia,
una historia que lamento,
que lamento haya pasado.

Es la historia de una madre,
una madre maltratada,
y después de vejaciones,
esa madre fue violada.

Y de cada violación
un hijo fue engendrado,
no por causa del amor,
por causa de un degenerado.

Hombres como este abundan
sobre la faz de la tierra
y si yo poder tuviera
ya los habría capado.

¿CÓMO QUIERES QUE TE AME?

Tú quieres que yo te ame
como tú me amas a mí
¿Y cómo quieres que eso pase
si no me dejas vivir?

Me atormentas con tus celos
y tu deseo de controlar.
Tú me apuntas con el dedo
y me quieres chantajear.

¿A eso llamas amor?
Tú, que vives del pasado
en un mundo de vanidad
de rencores y de engaños,

¿cómo quieres pues que te ame
si fuerzas mi voluntad?
Cuanto más tú a mí me fuerces
más alejándome estás.

SER ANIMAL

La vida no es solo sexo,
al menos no para mí.
Si para ti es lo que importa,
¡vete y déjame a mí vivir!

El sexo es un momento
que te nubla la razón,
pero no es un sentimiento
ni viene del corazón.

Viene del ser animal
que por tiempo has arrastrado,
y ese mismo animal
tu conciencia ha nublado.

Por eso el mundo de hoy
está como infectado
de ese ser animal
que en ti se ha desarrollado.

LA VIDA ES UNA ILUSIÓN

Yo aprendí que la vida,
que la vida es una ilusión.
Un espejismo es la vida,
lo digo de corazón.

Aprendí que la vida es teatro
y que hay que ser buen actor.
Si llegar lejos quisieras
tienes que ser el mejor.

Un gran teatro es la vida,
y el papel que me tocó,
me tocó el fondo de mi alma
y con mi ser se fundió.

Se fundió y ya somos uno,
alma, mente y corazón.
¡Qué papel tan oportuno
en un mundo de ilusión?

ESCUCHAR EL MISMO SON

¿Por qué papá y mamá pelean tanto,
un niño se preguntó,
¿que no piensan que no aguanto
escuchar el mismo son?

Se supone que están juntos
porque amándose hoy están,
pero si esto es amor, no quiero.
nunca me quiero casar.

Tal vez yo ni hijos tenga,
lo digo de corazón.
Pues no quiero que ellos pasen
por lo que pasando estoy.

Escuchar tantas peleas
no es sano, lo digo yo.
Porque ya estoy muy cansado
de escuchar el mismo son.

ATRACCIÓN FATAL

Digamos que tú me atraes
con una atracción fatal
y que esa atracción tan grande
bien pudiera ser mortal.

Tan mortal como una daga
en medio del corazón,
de un corazón que sangra,
aumentando la pasión.

Esa atracción que ahora siento
me ha nublado la razón,
y de tanto pensar en eso
se me ha vuelto una obsesión.

Y esa obsesión es tan grande
que a donde quiera que voy
me sigues como un fantasma,
como un fanático a Dios.

Y si Dios está metido,
está metido aquí entre nos,
esta atracción no es tan mala
es solo encuentro de almas
de otro tiempo hasta hoy.

SI AMARME QUISIERAS

Si amarme quisieras
te causaría gran dolor.
Yo no soy quien tú piensas,
yo solo soy lo que soy.

Yo soy un alma viajera
que en este cuerpo hoy está,
y yo no soy lisonjera,
eso ya tú lo verás.

No puedes hacerme a tu antojo
ni gobernarme podrás,
porque yo mieles recojo
mientras tú vienes y vas.

Vienes y vas pensando
cómo atraparme podrás,
pero un alma no se atrapa,
como tú comprenderás.

CUAN EQUIVOCADO ESTÁS

Si tú piensas que yo pienso
lo que tú pensando estás,
si tú sientes que yo siento
lo que tú sintiendo estás,

si tú crees que conmigo
una aventura tendrás.
Déjame que te diga, amigo,
cuán equivocado estás.

Somos sexos opuestos
nadie lo puede negar,
sex appeal tú tienes tanto
como abejas en panal.

Pero de eso a que yo caiga
en tus mieles, ¡no, señor!
Tus mieles serán muy dulces
y empalagarme podrán.

¿Y entonces en qué aguas
mi sed se podrá calmar?

No perdería mi arroyo,
que tan silencioso está,
por buscar un río crecido
que en su corriente me arrastrará.

Perdonad la sinceridad
con la que hablando yo estoy.
Acepta que hay amistad,
solo eso y nada más.

CUANDO YO MUERA

Cuando yo muera, hijo mío,
una herencia tú tendrás.
Pero no millones de pesos,
porque los puedes gastar.

Será mi conocimiento
el que tú heredaras.
Atesóralo, hijo mío,
y más millones vendrán.

Pero no serán de pesos,
porque los puedes gastar.
Compártelo tú, mi niño.
y más millones tendrás.

Si siembras buena semilla
buena cosecha tendrás,
pero no serán millones
porque los puedes gastar.

PLEGARIAS

Cuando miro hacia mi cielo y veo de nuevo salir el sol,
mil plegarias yo te elevo con todo mi corazón.

En mis plegarias yo pido, y no es solo por mi bien,
que, así como el sol amanece, que amanezca yo también.

Para poder ver el día, ese día, mi Señor,
de ver una tierra nueva y no como la de hoy.

De poder ver humanos, pero humanos de verdad
y no los que están cubiertos, cubiertos de vanidad.

A esos, Padre, te pido, ilumínales la razón,
para que cuando actúen lo hagan de corazón.

Si la maldad es la sombra que cubriéndonos está
un rayito de tú luz la desaparecerá.

Yo confío en ti, mi Padre, y sé que esto pasará,
mas todo tiene su tiempo, y en su tiempo esto vendrá.

DÓNDE ESTA LA VERDAD

¿Dónde está la verdad?,
preguntó un niño a su abuelo.
La encontraré aquí, en la tierra,
¡tal vez está en el cielo!

　　¿A qué verdad te refieres?,
　　el abuelo contestó.

¡A la verdad, abuelo, a la verdad!
Dime si tú aquí la tienes.

　　Pedacito de mi vida,
　　alma de mi corazón,
　　la verdad está en todas partes,
　　el abuelo contestó.

　　Pero este no es tu tiempo,
　　cuando seas grande sabrás,
　　si te sigues preguntando,
　　la verdad encontrarás.

QUÉ TRISTE

Qué triste es tener que escribir
lo que bien puede ser dicho,
porque no hay razón en ti,
eso muchas veces ya lo he visto.

Cuando el sentido común falta,
falta todo lo demás,
y sé que si te lo digo
casi me quieres matar.

Mas tu narcisismo es tanto
que tú ni cuenta te das.
Súmale alcohol a la cuenta
y un gran desastre tendrás.

No es miedo lo que me impide
decirte alguna verdad,
es el sentido común
que a mí no me ha de faltar.

Siento mucho que tú sientas
en tu alma soledad,
pero es que tú no comprendes
que tú nunca me vas a cambiar.

ENTRE LINEAS

Si tú me dices «te quiero»
con tan grande insensatez,
dime, ¿por qué te he de creer?

Si tus palabras no van de acuerdo
con tu manera de proceder,
¡mientes! mientras pretendes
conquistar mi corazón.

Y te ensalzas y te encumbras
en tan alta posición.

¿Y qué esperas de mí, insensato,
si entre líneas puedo ver
que lo tuyo solo es un rato,
¡vaya manera de proceder!

A que adivino el futuro
si me dejo convencer
por esas vanas palabras
sin razón, más con placer.

Ansiedad y desilusión en los dos vas a tener,
así que será mejor no volvernos a ver.

NO LE TEMO A LA MUERTE

Yo no le temo a la muerte,
pues me hace un gran favor:
cuando aprendo cosas nuevas
a las viejas muriendo estoy.

¿Por qué? Pues he de temerle
si me hace un gran favor,
si a cada rato yo muero
es porque aprendiendo estoy.

Esta muerte me provoca,
siempre retándome está
a conocer ese cielo
donde hay tanta felicidad.

Espero que tú comprendas
por qué muriendo yo estoy
y por qué de la muerte
de la mano siempre yo voy.

AÑORANZAS

Cómo añoro aquellos tiempos, los tiempos de los abuelos,
cuando se contaban cuentos a la antigua, a la usanza.

Y qué decir de la poesía, con ritmo y sonoridad…
¡Ah, qué tiempos aquellos! Sabe Dios si volverán.

Aún recuerdo aquellos tiempos,
mis tiempos cuando escolar,
que de aquella bella poesía yo solía disfrutar.

¡Qué lástima, León Felipe, que en este tiempo no estés.
«Caminando, caminando», me diría Nicolás Guillén.

Caminando llegaré a donde esté Adolfo Becquer,
dubitativo y profundo, y yo sus rimas leeré.

Blas de Otero con El hombre se ha fundido ya al creador.
Descansa en paz, José Espronceda,
y que te bendiga Dios.

¿Y qué me dicen de sor Juana,
sor Juana la poeta, la mujer,
aquella de quien Hombres necios alguna vez yo recité?

Ya me voy, ya me despido, rimando lo digo yo.
Qué sorpresa, García Lorca,
encontrarme Un poeta en Nueva York.

MAÑANITA TEMPRANERA

Mañanita tempranera, ¿por qué despertándome estás,
que no ves que dormir quiero?
Dime, ¿por qué no te vas

a despertar a otra gente
que más dormida ahora está?
ya no toques a mi puerta, aún no quiero despertar.

¿Por qué despertarte no quieres?
Los gallos cantando ya están.
Deja, deja ya esa flojera, ya es hora de trabajar.

A trabajar tú me dices y te veo sonreír.
¿Que no ves que solo quiero,
que solo quiero dormir

y descansar otro rato, otro rato nada más?
Mañanita tempranera,
dime, ¿por qué no te vas?

SOY EL PERDÓN

Yo soy el perdón, debo decirlo 108 veces quedito,
para que se grabe en mi corazón,
para que se grabe poco a poquito.

Ya después de que se grabe y que mueva mi destino,
entonces seré un nuevo ser
haciendo un nuevo camino.

Yo soy el perdón y a perdonar he venido
a todos aquellos seres que se cruzaron conmigo

y que de alguna manera maltrataron mi destino.
Hoy por eso estoy aquí, para eso hoy he venido.

Si tú en alguna ocasión, cuando otro cuerpo he tenido,
insultaste a mi razón, el perdón te he concedido.

Y si el perdón te concedo, no pienses que es cobardía,
no creas que yo tengo miedo cuando volteo la mejilla.

Cuando lo hago, yo subo un peldaño más arriba,
y sigo sigo subiendo, mejorándome en la vida.

Y también yo me perdono por agravios cometidos.
Así, pues, no te abandono, siempre te llevo conmigo.

Te llevaré en mi memoria si te has cruzado en mi camino
y me llevaré a la gloria lo bueno que haya vivido.

AYER

Ayer yo estaba en penumbras
y hoy, hoy ha salido el sol,
porque apareciste en mi vida
y me robaste el corazón.

Ayer me sentía muerta
y hoy más viva que nada estoy.
Llevaba una vida incierta
y hoy me ha vuelto la ilusión,

la ilusión de que en mis venas
corre la sangre otra vez.
Ya se acabaron las penas,
ya se fue de mí el estrés.

Tú me has hecho ya el milagro
de esta vida cambiar
y fue solo tu presencia
que me vino a despertar

y hacerme sentir mil cosas
que no sentí en el ayer,
y estas cosas peligrosas
yo no las quiero perder.

Yo no se qué es todo esto
lo que sintiendo hoy estoy,
pero sí me has despertado
y enamorándome estoy.

¡Venga pues este amor mío!
¡Venga aquí a mi corazón!
Que con los brazos abiertos
la bienvenida te doy.

SOMBRA DE SAN PEDRO

Bendita sea tu sombra, porque a mí me ha protegido,
aunque a veces yo te digo
que te has quedado bien dormido.

Y en esas pocas veces a punto de morir he estado.
es por eso que te pido que siempre estés a mi lado.

Cobíjame con tu sombra, ¡oh, san Pedro, yo te pido!
Para que alejes de mí a todos mis enemigos.

Y si tú me proteges a lo largo del camino
le daré gracias a Dios y cumpliré con mi destino.

Pero no me dejes sola, ni un momento yo te pido,
porque si tú me abandonas ganaran mis enemigos.

Y eso no lo queremos, ¿verdad, san Pedro querido?

EN MIS SUEÑOS ME LLAMAS

A veces, cuando yo duermo,
sé que en mis sueños me llamas.
Un día escuché mi nombre
y tú llamándome estabas.

Escuché con atención
el consejo que me dabas,
porque era para mi bien
lo que tú me aconsejabas.

Hice al pie de la letra
lo que en sueños me dijiste,
porque era para mi bien
¡porque tú me bendijiste!

Ahora sé que si yo quiero
conversar contigo un rato,
solo sueño, y en mis sueños,
en mis sueños, tú me llamas.

LA RECETA

Una pena yo tenía dentro de mi corazón,
y esa pena me dolía cuando tomaba limón.

Y ese limón que tomaba, ese que vos conocéis,
también quemaba mi alma, que se moría de acidez.

Y esa acidez que tenía contaminaba mi ser
y una sonrisa en mi rostro ya nadie podía ver.

¡Corred, corred, alma mía, con la doctora Isabel,
¿qué buen remedio ella tiene contra toda tu acidez?

Mirada amorosa siempre, una receta será
sonreír lo más que puedas
Esa es la segunda, te dirá.

Afuera preocupaciones sin pensarlo te dirá.
¡Sigue, sigue su receta
y más milagros verás!

AMA

Yo quisiera ser como
Ama para tus penas aliviar
y quisiera ser como ella
para tus lágrimas endulzar.

Jesús mío, yo te pido
que me des la voluntad
que mi alma necesita
para mi viacrucis continuar.

Que no miras que en su nombre
el amor escrito está,
ese que no es para un hombre,
que es para la humanidad.

Cuántos abrazos habrás dado
en tu gran peregrinar.
Cuántas almas has sanado
con tan solo el abrazar.

Nadie sabe que en tu nombre
una orden dando estás:
ama y serás sanado
de cualquier enfermedad.

El escalón donde tú te encuentras
ayudándonos está.
¡Oh, Ama, sigue subiendo,
que buen ejemplo nos das!

LOBOS CON PIEL DE OVEJA

Abre los ojos, mi hermano
Abre los ojos, te digo
lobos con piel de oveja
encontrarás en tu camino.

Tú pensarás que son buenos
los que elogiándote están,
mas no sabes qué puñaladas
te van a dar por detrás.

Hacer buenas obras
podrán aparentar,
son solo para engañarte,
para cegarte nada más.

Aquí en la política
es muy raro el que es honesto
y al que tenga esta cualidad
de corazón lo respeto.

Y lo respeto pues tiene
gran vocación de servir,
y México es lo que quiere
para empezar a vivir.

Pero hay que tener cuidado
con los lobos con piel de oveja,
pues cuidarán su mandado
cortándote la cabeza.

A vivir sin corrupción,
sin crimen ni impunidad,
sin odios y sin rencores,
¡viviendo en una hermandad!

EL PECADO DE OBAMA

Qué pecado tan grande
el haberse postulado
como un gran candidato
y la presidencia haber ganado.

Historia de blancos
había sido escrita,
con letra de oro,
con letra bonita.

Como todo en la vida,
hoy cambia la historia,
hoy todo se escribe
con letra negrita.

Qué necio es el hombre,
el hombre racista,
aquel con prejuicios,
con mente chiquita.

Y hoy aquí vemos,
pionero en la historia,
a aquel que hoy quiso bañarse de gloria.

Bendito tu tiempo,
de pruebas será,
cuidando tu espalda
triunfante saldrás.

YO SOY OBRADOR

Yo soy obrador, no nací en cuna de ricos
ni en cuna de emperador,
pero sí con un deseo clavado en mi corazón.

Y ese deseo un día en mí habría de despertar
para ayudar a mi pueblo y darle la libertad.

Libertad que se ha perdido hace ya tiempo atrás
y que hoy intentaremos volver a recuperar.

Yo soy pues obrador y a ese nombre haré honor.
Trabajaré sin descanso por el bien de mi país
porque a indígenas y pobres yo los quiero redimir.

La corrupción y la violencia han hincado su raíz
y al pueblo han ensangrentado,
y así, ¡así no se puede vivir!

Caminaré por la senda de verdad y honestidad,
no viviendo en la opulencia
como haciendo otros están.

Mas debo tener cuidado, eso bien yo ya lo sé,
pues yo que tanto he hablado mis espaldas cuidaré.

Mas no ha de ser con mil armas, así no quiero vencer,
quiero vencer con palabras, con hechos, con honradez.

Esta cruz que hoy he cargado es pesada, ya lo sé,
mas con Dios a mi costado muy ufano triunfaré.

Y si muero en el camino, yo muy feliz estaré.
porque si tú me has matado, ya más nunca moriré.

Viviré en las conciencias y estaré yo por doquier,
inspirando más querellas que tú no podrás detener.

Por eso, hermano, te digo: deja libre mi camino,
consúmete en el olvido de tu espíritu traidor.

Deja que yo siga y siga, que siga por donde voy,
abriendo un nuevo camino y que salga de nuevo el sol.

Que brille con luz intensa que nos llena el corazón,
trabajando el pueblo unido, ¡por un México mejor!

EL BUEN JUEZ

Un anciano un día me dijo
palabras de sabiduría,
y de esas palabras, prolijo,
yo nunca me olvidaría.

Dijo que un pueblo tiene
al gobernante que merece
y pedir más no puede
cuando de honor se carece.

Y mirando lo que pasa
te diré que eso es verdad.
El buen juez por su casa empieza
como tú comprenderás.

El gran mal que tenemos
es falta de honestidad.
Mira por donde quieras
y su falta has de notar.

¿Por qué pues pides
lo que no eres capaz de dar?
No mires la paja en otros
si en tus ojos la paja está.

Deshazte primero de ella
y después ¡ponte a trabajar!

Cuando los demás vean
que tú ciego ya no estás,
emularte ya querrán
y, siguiendo tu camino,
muy felices los verás.

Así que, hermano, te digo:
¡practica la honestidad!
Siembra hoy la semilla
y mañana cosecharás.

MÉXICO DESPIERTA

¡Despierta, México lindo!
Porque hoy dormido aún estás.
No creo que tus raíces hayas podido olvidar.

Para ser grande, te digo, de México lo mejor,
y a los cuatro vientos grito,
y lo grito con fervor.

¡Tú eres maya, tarasco, tolteca y mixteca!
¡Eres quiche, tarahumara y chichimeca!
¡Eres cora, eres yaqui, eres azteca!

¡Y ahí, precisamente, está tu fortaleza!

Tus raíces son profundas, tan profundas que podrás,
como un nuevo ave fénix, tu plumaje renovar.

Reconquístate en la historia
de tus héroes, de su gloria.
Redescubre tu linaje
con valentía y coraje.

Hazte uno con su gente, aquella que quiera servir
ayudando a sus hermanos
y en un mundo nuevo vivir.

Así que, México lindo, aquí estoy pues a tus pies,
recordando el grito que Miguel Hidalgo dio.

Estoy recordando a Morelos, también al corregidor
Allende, Aldama, y a aquellos que murieron con honor
y con su sangre nos dieron el derecho a la libertad.

Yo despierta ya estoy y entre gritos gritando voy.
Esta piel que tengo es morena
¡porque México yo soy!

YO SOY UN ESPÍRITU LIBRE

Yo soy un espíritu libre que caminando va por doquier,
sin sopesar las viejas cadenas
que arrastrando va la humanidad.

Dime tú, mi hermano, ¿qué es para ti la libertad?
¿Acaso te gusta la esclavitud?
¡Yo soy un espíritu libre!

Escuchando las congojas de mil almas al pasar
me pregunto por qué no entienden
que ellos pueden despertar.

Mira pues la muchedumbre que adormecida aún está.
sin ver ni oír que ahí afuera, afuera hay otra realidad.

Van arrastrando cadenas
que en más de cien años no han podido romper
y que generación tras generación
arrastrando van por doquier.

Te dejo pues un mensaje, hermano de mi corazón: deja volar a tu
alma en pos de la libertad.

¡Yo soy un espíritu libre!

ÉRASE UNA VEZ...

Érase una vez un niño que en esta tierra nació
y de entre mil tribulaciones victorioso él salió.

Perdóneme usted, mi madre, que esta vida me dio,
más bien hubiera sido haber muerto el día de hoy.

¿Por qué decís eso, hijo mío?
¿Por qué renegar del destino? ¿Por qué despreciar esta vida,
esta vida que Dios te dio?

¿Acaso vos sois ingrata con mi pobre humanidad?
¿No ves que mi alma desata una guerra en mi soledad?

Vos tentáis a la vida y la vida tentando está
tu corazón y tu fuerza, está templando tu voluntad.

¡Oh, madre! Vos no entendéis, ¿o es que ciega tú estás
que mi alma se me ha escapado
y mi corazón muerto está.

Hijo mío de mis entrañas, mira que matándome estás,
envenenando tu sangre a la muerte vos tentás.

¿Acaso esto que ves es un hombre? Soy un paria. Vos dirás
cuál será mi futuro entre tanta iniquidad.

Sembrad, sembrad, hijo mío, sembrad lo bueno y veréis
qué buenos frutos un día con gozo recogerás.

Los caminos de la vida en verdad que duros son,
mas acata el buen consejo y que te guíe tu corazón.

CUANDO ERA NIÑA

Cuando era niña escuchaba,
escuchaba hablar de amor,
pero eso a mí me sonaba
como si fuera un rumor,

como palabra prohibida
a quien se tiene temor,
que vive siempre escondida
como vive el desamor.

Nunca vi de un buen mozo
regalar alguna flor,
pero sí vi a algún curioso
entregar cartas de amor.

¿Qué serían aquellas mieles
que los sobres encerraban?
¿Dibujados habría claveles
que un corazón circulaban?

Yo no sé lo que haya habido
pero sé que era la usanza
decir amor era prohibido
más bien una amenaza.

Era pecado decirlo,
ya lo decían mis abuelas.
¿Y qué pasa con sentirlo?
¿Acaso duelen las muelas?

No dolerán las muelas,
pero duele el corazón,
decía un entremetido,
oreja larga y polizón.

¿Y por qué pues tanta intriga?
¡Ay! Con este sentimiento
si a nadie se le olvida
cuándo pasó un buen momento.

¿Por qué llamarle pecado?
¿Por qué a veces prohibirlo,
si se vuelve más deseado
al tratar de reprimirlo?

Son las mentes más cerradas
las que viven con prejuicios.
Si hay almas enamoradas,
¡vengan pues los sacrificios!

MI DIOS ME DEJÓ VIVIR

Un día, justo en mi cama,
la flaca me visitó,
con su cuchilla afilada
mi garganta atormentó.

Me dijo: «Por ti me han enviado
en un tono mesurado».
No me podía yo mover,
ya me había paralizado.

«¡Sabes que vas a morir!»,
dijo como una advertencia.
«Padre, ¡yo quiero vivir!
Dime, ¿cuál es tu sentencia?

Aún tengo cosas que aprender
y amo mucho la vida», dije.
Y el padrenuestro rezaba.
¡Mi Dios me dejó vivir!,
mientras la flaca se alejaba.

CRUCE DE CAMINOS

Habiéndome yo salido de mi cuerpo un instante
visitaba un lugar,
un lugar de aquí distante.

Era un cruce de cuatro caminos
donde yo me encontraba,
una venta con camellos ahí muy cerca quedaba.

Habían pasado minutos, de llegar a ese lugar,
cuando escuché muchas voces
y más que voces gritar.

¡Ya vienen, ya vienen!, decían.
Y a correr se apresuraban, dejando mercaderías,
y a los camellos jalaban.

Me vi sola en ese lugar, sin saber a dónde ir.
Los cañones disparaban, disparaban por doquier.
y de pronto aquí en mi pecho
agudo dolor yo sentí.

Al despertar de mi trance, no me podía mover.
yo muy débil me encontraba,
ya no podía comer.

El dolor era tan fuerte que sentía que me desmayaba.
Mi pecho estaba caliente,
sentí que por dentro sangraba
y que a morir me aprestaba.

PIENSA POSITIVO

Si en un momento de tu vida
te sientes discriminado(a),
solo piensa positivo
y haz lo negativo a un lado.

Recuerda que esta palabra
tiene raíces profundas
y también hacia los costados.

Si tú en algún momento
el diccionario has consultado,
se te vino el sentimiento
de quedarte congelado,

porque has visto que esta acción
a donde quiera se ha colado,
y se te parte el corazón
al ver cuán descontrolado.

A mí, a mí eso no me preocupa,
pues conozco mi valor.
¡Ay de aquel que no se educa
y se vuelve un agresor!

Cuando ha sentido en su ser
la acción desequilibrada
de la discriminación.

Mas tienes que comprender
que somos seres desiguales,
con diferentes talentos y capacidades.

Así que busca tu lugar
donde mejor tú te sientas
y cultívate aún más,
que esas serán tus herramientas.

Emplea pues la cordura
cuando emprendas una acción,
solo piensa positivo
y olvida, olvida la situación.

SIEMPRE HAY UNA PUERTA ABIERTA

Siempre habrá una puerta abierta
porque querer es poder,
y si tú quieres puedes, yo siempre te lo diré.

Recuerdo cuando era niña y en mis metas yo soñaba.
Siempre había alguien,
alguien que me frenaba.

¡Siempre habrá una puerta abierta!

Yo me sentía como un pez, como un pez fuera del agua,
porque en tanta insensatez
mis ilusiones se ahogaban.

¡Porque querer es poder!

¡Solo es una niña!, oía cuando murmuraban.
Yo sabía lo que quería
y solo eso importaba.

¡Si tú quieres puedes!

Cuando el deseo es sano y todo es para tu bien,
no permitas tú que nadie
estropee tu porvenir.

¡Yo siempre te lo diré!

HASTA VOLVERNOS A VER

La vida que me ha tocado, que me ha tocado vivir,
es una vida azarosa, ¡qué más te puedo decir!

Te diré que en mis memorias he tratado de encontrar
esos días de mis glorias sin poderlos recordar.

Y me sigo preguntando dónde diablos estarán
esas memorias perdidas, que no las puedo encontrar.

¿Estarán en otras vidas, de mi pasado tal vez,
o en este presente mío que aún no puedo entender?

No importa dónde se encuentren
ni en qué idioma escrito estén,
este será mi destino, hasta volvernos a ver.

A QUIÉN VAS A AMAR

El tiempo pasa muy lento
y yo sigo aquí esperando,
esperando ese momento
que me tiene suspirando,

de volver a verte otra vez,
de sentirte en toda mi piel,
de volver a vivir momentos,
de afirmar nuestros sentimientos.

Si eso pasa, ¡qué dicha!
Porque abierto está mi corazón
y en él mi flama ya habita
para avivar nuestro amor.

Mas no esperes tanto, alma mía,
que me mata la ansiedad
y si la ansiedad me mata.
¿A quién pues vas a amar?

EL LUGAR DONDE ESTUVE

¿Cómo interpretar este sueño que tuve?
Me encontraba en un lugar
allá por el mes de octubre.

Mientras esperaba en línea
para recibir mi pedido,
un hombre a mí se acercó
y se veía muy urgido.

Salgamos de aquí, me dijo, con una voz apurada,
y cogiéndome la mano
me llevó por la calzada.

¿Qué pasa?, le pregunté, mi voz ya lo interrogaba.
Posó su mirada en mí y me sentí más calmada.

No mires más para atrás y salgamos ya corriendo,
que mucha gente ya está,
mucha gente ya está muriendo.

Un gran estruendo escuché
y calor había a mi espalda, en lo dicho medité,
cuando cruzando la cerca estaba.

Al cruzar la cerca quise, quise voltear mi mirada,
y del lugar donde estuve
¡por Dios, no quedaba nada!

VIVIR MURIENDO

Estuve dormida y, mientras dormía,
soñé que poco a poco moría.

Estuve dormida un buen tiempo, ya lo sé,
y ahora que he despertado
a un nuevo mundo llegué.

Y mientras dormía, mi alma se debatía
entre la vida y la muerte.
Y decidí, pues, que esta vida
en la otra me haría más fuerte.

Soñe que poco a poco moría
pero no moría mi cuerpo.

Y le pedí a mi padre tiempo,
más tiempo para aprender,
para aprender
que muriendo se vuelve a renacer.

ASÍ ESTÁ DECIDIDO

Anoche mientras soñaba
en mi sueño yo te vi,
y soñé que yo te amaba
¡ay, con tanto frenesí!

Y hoy que te tengo enfrente,
sí, aquí frente a mí,
yo no sé lo que decirte,
solo sé que quiero huir.

Para no sentir más fuerte
lo que en mis sueños sentí,
porque hoy que vuelvo a verte
te miré y me derretí.

Me derretí de pensar
que, si en mis brazos te tengo,
no pararé de gozar
si en tu cuerpo me entretengo.

Y sí en ti yo me entretengo
pues para qué he de buscar
en otros brazos ajenos
lo que en ti he de encontrar.

Y si es bueno para mí
porque nubla mis sentidos,
también es bueno para ti
porque tú estás incluído.

Y si incluido tú estás
y esto es cosa del destino,
vamos, pues, te amaré más,
porque así está decidido.

CUANDO YO TENÍA DOS AÑOS

Cuando yo tenía dos años, a mi madre yo miré,
con su vientre abultado, y entonces me pregunté.

¿Será que está enferma?
Porque su vientre con el de otras mujeres comparé.

Mas, después de pasado un tiempo, un nuevo bebé yo miré
y otra vez a su vientre más atención yo presté.

Las mamás desarrollan a los bebés en su vientre,
fue la respuesta que encontré. Pero, y ahora, ¿cómo se gesta un bebé?

Por un largo tiempo esa pregunta en el aire quedaría,
porque había surgido una nueva: ¿cómo se gesta una vida?

Con el correr de los años, esto yo lo aprendería,
pero había algo más que mi mente requería:
¿cómo el alma entra en el cuerpo? ¿En qué momento sucedería?

Y entonces en mis sueños una visión yo tendría,
donde una chispa de luz por la cabeza de la madre
al bebé penetraría, y dentro del corazón la chispa se alojaría.

¡Ahí es donde vive el alma!, un ángel me lo diría.
Guarda para ti esta respuesta, guárdala en tu corazón,
esto que yo te digo, lo digo por protección.

El ser humano aún no entiende muchas cosas de la vida.
El misterio que hay detrás él no lo comprendería,
como tampoco él entiende cuán vasto es el universo
y, si hoy tú aprendes más, eso, eso te mataría.

APRENDIENDO

El presente que yo vivo
no es el mismo de vos,
el de vos es de este tiempo,
y el mío ¿de cuál será?

¿Será que mi punto cero
se ha quedado muy atrás?
¿Será que tal vez por eso
diferente es mi pensar?

Almas van y almas vienen
en el correr de la vida.
Algunas más se entretienen
aprendiendo todavía.

Algunas han aprendido
bastante bien la lección.
Estas almas han subido,
han subido un escalón.

Pero la gran mayoría
atrapada aún está,
sopesando las cadenas
de tanta vanidad.

Vanidad que ciega y ciega,
ciega con tanta crueldad
que se destruyen el uno al otro,
¡buscando felicidad!

MI FORTALEZA

Yo le escribo a la noche y también le escribo al día,
pero no le escribo al ser que me roba la alegría.

¿Por qué salir de las sombras a robarte ya mi luz?
¿Por qué hacerme más pesado mi camino con la cruz?

Pienso que Lucifer te ha enviado a estorbarme en mi camino,
porque no quiere que cumpla, que cumpla ya mi destino.

Pero Dios no me abandona, una estrella Él me ha enviado
que ilumina mi sendero y me retiene a su lado.

ENCONTRARME A MI MISMA

Cuando creía que estaba sola,
cuando en la nada vagaba,
cuando mi pequeño mundo
en mil pedazos se derrumbaba.

Encontré que, meditando
a Dios me estaba acercando
y Jesús vino a mi encuentro
como si lo estuviera llamando.

Y cuanto entre más yo meditaba
más cosas yo comprendía.
Encontré en Dios a mi padre y madre
y sola, sola ya no me sentía.

Encontré que yo soy parte,
soy parte de lo divino,
y que bien debes amarte
porque a eso tú has venido.

Aprendí que he tomado cuerpos
a lo largo del camino
como poder explicarte
de las cosas que me he vestido.

Entendí que no soy perfecta
pues a aprender he venido,
tres veces estuve muerta
y las tres he revivido.

Porque ese no era mi tiempo,
mi tiempo de haber partido,
pues una misión yo tengo
y esa misión, esa misión no he cumplido.

DANDO ES COMO SE RECIBE

Cuántas veces habrás escuchado
a alguien decir esta expresión:
«Dando es como se recibe. ¡Vamos, abre tu corazón!».

Y es que acaso tú no sabes
lo que tú puedes lograr.
Te diré en pocas palabras
que aquí se encierra una gran verdad.

Tú no puedes recibir si tú nunca antes has dado,
eso, eso el universo ya lo tiene programado.

¿Acaso puedes cosechar
lo que tú nunca has sembrado?

Mírate pues en el espejo, en el espejo de tu hermano,
mira dónde está la abundancia y dirígete a su lado.

¿Ya viste una necesidad? ¿Pudiste haber ayudado?
Recuerda pues que la vida, la vida da muchas vueltas,
no vaya a ser que mañana se te aprieten pues las tuercas.

¿Y si ahora eres tú, eres tú el necesitado,
cómo vas a recibir, si tú nunca, si tú nunca has dado?

TU PEOR ENEMIGO

Entre las cosas que he aprendido
en mi andar por esta vida,
he aprendido que el perdón
es la puerta a los milagros, a salir de la prisión.

Donde el odio y el rencor
mucho tiempo han convivido
corroyendo el corazón,
donde se han escondido.

Aquel que no se da cuenta
porque preso él ha vivido,
no sabe que él mismo ha sido,
ha sido, su peor enemigo.

Lastimándose por dentro
y reflejando en los demás
el daño que se ha sufrido
y se quiere así vengar.

Pero ¿qué trae la venganza,
acaso felicidad?
No, trae más sufrimiento
para ti y los demás.

Por eso te digo, hermano,
desde aquí, de mi pensar.
no seas más tu enemigo
y aprende ya a perdonar.

APRENDÍ LA LECCIÓN

Acepté decir que sí, aunque dentro en mi cabeza
un no fuerte resonaba,
y un poco de confusión mi corazón alarmaba.

Mis ojos veían una cosa, pero mi ángel tal vez
la realidad él miraba, y yo no quise entender.

Él pretendía guiarme con paz y tranquilidad.
Él solo quería ayudarme, esa, esa es la realidad.

Y yo me dejé llevar por el ego del humano.
pensando sabía más, ¡qué sacrificio tan vano!

Sinsabor tras sinsabor la vida es lo que me trajo,
una gran desconexión y caminar cuesta abajo.

Mas en esta relación yo tuve que aprender
que lo que a él ya me ataba era aprender mi lección.

Difícil era mi prueba, ya que el tiempo se extendió
y de momento en momento más de un año ya pasó.

Y pasaron muchos más y atrapada me sentí
en esa energía que jamás me dejaría salir.

Pero Dios me amaba tanto que alumbró mi pensamiento
y puso en mi camino un santo que alivió mi sufrimiento.

Hoy aprendí la lección que él quería que aprendiera.
Ya más paciente yo soy, lo demuestro hoy dondequiera.

AMARME MÁS

Larga es la noche, lenta es mi soledad,
y el silencio es la agonía que hoy matándome está.

¿Y por qué el silencio me mata
si en el yo encuentro la paz,
esa paz que necesito para mi ser encontrar?

Y poder amarme más,
y cuanto más yo aprenda a amarme,
más amaré a los demás.

Y si a los demás yo aprendo a amar,
un escalón subiré,
y así con el mandato, de Cristo Jesús cumpliré.

TODO ESTÁ EN TU MENTE

Todo está en tu mente, me lo dijo un profesor
allá cuando yo era niña y empezaba a preguntar.

A preguntar por mil cosas que en mi cabeza tenía.
y si yo no preguntaba, con la duda quedaría.
¿Hasta dónde cree que puede un ser humano llegar?,
pregunté como pensando si no lo haría enfadar.

Todo está en vuestra mente, él me volvió a repetir,
y si bien la desarrollas de mucho te ha de servir.

La mente bien entrenada a genio te llevará,
te traerá a ti la abundancia y hasta milagros verás.

¿Y cómo se logra eso, cómo puedo yo empezar?
Adquiere el conocimiento y ya después me dirás.

¿Debo leer muchos libros o a escuelas caras iré?
Preguntaré donde sea y muchas puertas abriré.

Las abriré para entrar y aprenderé lo que quiera,
estudiaré sin cesar, ¡traspasaré las fronteras!

Si esa sed a ti te mueve, sé que lejos llegarás.
Aprende, aprende bastante y la abundancia tendrás.

Sé que en los libros y escuelas mucho vas a aprender,
pero también, niña mía, del éter has de saber.

Ahí encontrarás la esencia del vasto conocimiento.
Sumérgete en el mi vida, ¡vale la pena el intento!

TODOS SOMOS HIJOS
DE UN MISMO DIOS

Caminando, caminando,
voy sembrando unas semillas,
y yo espero que germinen antes
de que de este cuerpo me despida.

Yo las arrojo al viento
y el viento las llevará
a cualquier parte del mundo
donde ahí germinarán.

La tierra donde se posen
yo no sé de cual será,
si sea buena o sea mala,
eso solo Dios lo sabrá.

Aquí lo que más importa
es lo que sembrando voy
tus palabras, Jesús mío,
son las que sembrando estoy.

Tú sembraste aquí, en mi pecho.
Tú entraste en mi corazón,
te mezclaste en mis entrañas
y me diste esta misión.

Testificad en mi nombre,
dijiste a mi corazón,
decid a los cuatro vientos
¡que todos somos hijos
de un mismo Dios!

SILENCIO

¡Silencio!
No quiero ruidos en la casa,
que hay gente que trabaja
y merece descansar.

¡Silencio!
El bebé está durmiendo,
no lo vayan a despertar.

¡Silencio!
Si algo te ha molestado
está prohibido gritar.

¡Silencio!
Hay visitas en la casa,
no las vayan a importunar.

¡Silencio!
Los abuelos están de visita,
no los vayan a molestar.

¡Silencio!
Que la mesa ya está puesta,
todos vengan a cenar.

¡Silencio!
Todos vayan a la cama,
que la noche ha llegado ya.

YO SOY QUIEN SOY

Yo soy quien soy, no soy la mitad de un ser.
Yo soy un ser completo,
soy un polo construyendo su opuesto.

Yo pienso por mí, y si me equivoco acepto
que pagaré las consecuencias
de lo malo que haya hecho.

Pero no culpo a nadie por errores cometidos,
pues si lo hago sabré
que en doble error he incurrido.

Este cuerpo que tengo hoy de mucho me ha servido
para aprender mis lecciones,
pues a eso he venido.

Me he prometido a mí misma, cuando aprendí quién yo soy,
que cuidaría este cuerpo con todo mi corazón.

Es muy difícil, lo sé, y también lleva su tiempo,
pero tengo que aprender
que hay lección en un momento.

Que se aprende desde afuera, y también desde adentro.
Que llevaré en mi esta información,
cuando abandone este cuerpo.

Ese es nuestro destino, aunque hoy no lo sepamos,
aprender nuestras lecciones para ser buenos humanos.

Y después de humanizarnos, seguir y seguir aprendiendo
nuestras lecciones a diario,
hasta que un día ¡logremos perfeccionarnos!

AMOR ESCONDIDO

Tengo un amor escondido,
un amor que conocí ayer,
y por estar tan escondido
no lo he podido tener.

Aunque larga es la distancia,
él muy cerca de mí está,
pero fue por su arrogancia
que de él me distancié.

Yo lo sentía tanto tanto
que algunos kilos yo bajé,
y le pedí a Dios en llanto
que me borrase aquel ayer.

Meses iban y venían,
y al final me consolé,
me consolé en el recuerdo
de quien no volví a ver.

Después de pasado un tiempo,
de que no supe más de él,
volvió otra vez a mi memoria
aquella sombra del ayer,

invitándome a que hiciera
un lugar en mi corazón
para que lento él pudiera
desarrollar el amor.

Y lento se fue anidando
como un pajarillo herido
y lento me fue ganando
que olvidarlo no he podido.

Y aunque sigue ahí escondido,
sé que un día él volverá
y se quedará aquí, a mi lado,
para no alejarse jamás.

¿VOS QUIÉN SOIS?

Yo soy amor, soy amor verdadero,
el que perdona, el que no juzga
el que no critica, el que sabe escuchar,
el que atiende tus necesidades,

el que sana tus heridas
el que habla suave, sin alzar la voz,
el que no insulta,
el que mira primero sus defectos
y no los de los demás.

el que todo lo comprende
el que comprende que como humanos
nadie es perfecto
y que la vida, que vivimos en este cuerpo.

Nos ha sido dada para que aprendamos
a ser mejores.
Yo soy el que cuida de su hermano
no importando raza, sexo, ideología,
color de piel, idioma ni país.

Pero también soy el que te dice:
«Camina por la senda del bien,
cultiva los buenos principios,
sé luz en la oscuridad y buenas cosas tendrás».

Yo soy el que un día vino
a recordarte quién vos sois
y para que aprendieras a desarrollar en ti el amor.

Yo soy el que soy,
¡y vos! ¿Vos recordáis quien sois?

¡ATRÉVETE!

¿A qué le tienes miedo? ¿Al rechazo tal vez?
¿Y qué? ¿Acaso te van a comer?

¡Ah! Ya sé, esos son traumas de tu niñez.
Tal vez tu madre te rechazó
y eso ha lastimado tu corazón.

Pero déjame decirte que tú lo puedes vencer.
¡Atrévete! Nada pasa, si te dice que no no
importa, a otra vas a convencer.

Un no no te puede matar.
Si te levantas, todos te han de respetar.

Atrévete pues a soltar el corazón,
perdona a quien te haya herido
y ¡deja que salga el amor!

Deja tu rabia de lado, déjala, por favor.
No permitas trago amargo,
ya no estés más a babor.

Así que, pues, !atrévete!
No importa tu condición
y dale la bienvenida, ¡la bienvenida al amor!

EL HIELO Y TÚ

¿Qué clase de amor es ese,
comunicación por una *app*?
¿Tú sabes lo que me dices
cuando actuando así estás?

Me dices que tú escondes algo
o tal vez valor no tendrás.

Ese es un amor de hielo
como tú comprenderás.

¿Acaso muy cerrado está tu corazón
y necesitas más tiempo
para romper el caparazón?

Dime pues qué es lo que escondes,
por qué no te dejas ver.
Mientras sigas escondido
jamás podré comprender.

Si tú necesitas tiempo,
tiempo para resolver
algún asunto pendiente,
¡por Dios, házmelo saber!

Pero déjame que te diga
que no tienes la razón,
porque así no se entra
no se entra en mi corazón.

EL DINERO NO ES MALO

¿Te gustaría saber qué es lo que puedes hacer
para atraer abundancia en dinero a tu vida?,
fue la pregunta que hicieron a un amigo un día.

No, contestó él, muy a secas.
Yo no busco el dinero, pues es muy mal consejero,
y al final te trae pobreza.

En mi mente la abundancia, la abundancia es primero.
Lo digo sin arrogancia, sin decir por él me muero.

Por eso es que en mi cabeza esta frase daba vueltas
y metiendo mi cuchara a mi amigo contesté.

Que no te ofendan mis palabras.
Que no te ofendan mis porqués.

Pero el dinero no es malo, ¡es el uso que le des!
y si tú bien lo manejas, nunca pobreza tendrás.

¡Mira!, me dijo enojado, mira a tu alrededor.
sus palabras eran dagas, con un tono acusador.

¡Mira lo que hace el dinero y ya me dirás
si tengo o no la razón!

Estás jugando con fuego, te lo dice un yo creador.
La realidad que tú miras no es la que miro yo.

Estás siendo negativo y no puedes ver la razón.
Dime, ¿dónde hay progreso,? ¿donde es que tú lo ves?
¿Acaso es en la escasez?

Donde hay dinero hay riqueza, hay salud y bienestar,
pero, eso sí, amigo mío, hay que saberlo manejar.

Porque el dinero no es malo, ¡es el uso que le des!
Y si tú bien lo manejas, nunca pobreza tendrás.

EN MI JARDÍN ME ENTRETENGO

En mi jardín me entretengo y me quito mucho estrés,
porque las plantas me llevan,
me llevan a otro nivel.

Aquí tengo los bananos, y un tamarindo también
allá, mangos y guayabos, moringa y hasta un mamey.

Y qué decir de los cocos, que en casa no han de faltar.
Había también un ciruelo, un nance y un limonero
que un ciclón traicionero me los vino a arrebatar.

¿De flores? No tengo muchas, pero alegran mi mirar,
ese ciclón traicionero me las quiso respetar.

Para remedios caseros, mis plantas no han de faltar,
té de limón, ¡qué sabroso!, para mi sueño inducir,
y el maguey, tan milagroso para un tumor destruir.

La sábila la Miss Mundo, esa tan bien conocida
que te cura mil heridas, que te ayuda a revivir.

Qué decir del kalanchoé, amarga como la hiel,
pero comentan las lenguas que el cáncer va a detener.

También tengo yerbabuena, para curar la indigestión.
Si tú prefieres romero, para mente y corazón.

Ya me voy, ya me despido, regando lo digo yo.
Me voy antes de que salga, antes de salga el sol.

RECONOCIMIENTOS

Con humildad agradezco a mi Dios interno y externo, al universo y todos los seres espirituales que conspiraron en el despertar de mi ser interior.

Que fué quien me abrió las puertas del alma y de la imaginación, que me permitieron escribir la primera parte del libro.

Un reconocimiento especial al Dr. Brian Muff: una bella alma de otro tiempo, que al volver a cruzarse en mi camino ayudó a elevar mi nivel espiritual y me inspiró en la segunda parte y culminación del mismo.

A mi hijo David, por su ayuda con aspectos tecnicos de la redacción.

A todos los seres humanos involucrados en situaciones que de alguna manera influyeron en mis observaciones para escribir estos poemas. Mil, mil gracias.

Martha Gallardo Espindola.

www.ingramcontent.com/pod-product-compliance
Lightning Source LLC
Chambersburg PA
CBHW030304130626
46549CB00002B/690